AF340064

M. DES ROTOURS

DÉPUTÉ DU NORD

AU

CORPS LÉGISLATIF

1863-1868.

LILLE

IMPRIMERIE DE LEFEBVRE-DUCROCQ

Rue Esquermoise, 57

1868.

Pendant de longues années, j'ai vu de près M. des Rotours, et son dévouement à la cause de tous et de chacun m'a inspiré pour lui une estime, une affection profondes.

Témoin ému de la douleur générale causée par sa mort prématurée, j'ai regardé comme un devoir d'en recueillir et d'en conserver l'expression.

Je l'ai fait précéder de quelques mots sur les services rendus par notre honorable représentant durant sa carrière législative.

J'ose espérer n'avoir pas trop présumé de moi en comptant que cette courte notice sera accueillie avec sympathie et bienveillance.

BAUCARNE-LEROUX

Secrétaire de la Chambre consultative d'agriculture,
Ancien Président du Comice agricole de l'arrondissement de Lille.

Lille, le 17 janvier 1868

Comme le soldat, l'homme politique a ses états de services. Ceux de M. des Rotours, nommé en 1863, par 17,907 voix, député de la 3e circonscription du Nord, honorent à la fois sa mémoire et le corps électoral dont il a été le digne représentant. A ce double titre, en voici le résumé d'après les Tables du *Moniteur* :

Dès son arrivée à la Chambre, ses connaissances spéciales, le soin consciencieux qu'il apportait à l'étude des questions économiques, furent aussitôt appréciés dans les réunions des bureaux. Aussi M. des Rotours fut-il appelé chaque année à faire partie de nombreuses commissions.

La ville de Lille n'a pas oublié que son premier discours au Corps Législatif (16 avril 1864) eut pour but et pour effet d'amener le Gouvernement à réparer « un déni de justice, » selon son énergique expression. Au sujet d'une cession gratuite de terrain, faite par l'Etat à la ville d'Amiens pour dégager la cathédrale, il rappelle que les récents travaux de fortification à Marseille, à Cherbourg, au Hâvre, ont été payés par l'Etat, tandis que Lille vient de contribuer pour plusieurs millions à la construction de nouveaux remparts..... Quelques semaines plus tard, l'Empereur faisait droit à cette réclamation en dégrévant la ville d'une somme de 1,854,000 francs, représentant les vingt annuités de 92,725 fr., qu'elle devait encore payer pour compléter les quarante-huit annuités, consenties par elle en 1845, à l'effet d'avoir une gare intérieure de chemin de fer.

Le 21 juin 1865, il prend la parole dans l'intérêt des distilleries, qui rendent de si grands services à l'agriculture ; il réclame, pour faciliter le placement de leurs produits à des prix rémunérateurs, la modification de la loi de 1864. Le 25 juin 1866, il appelle de nouveau sur cette question l'attention de la Chambre, et signale avec une spirituelle énergie, à laquelle ses adversaires eux-mêmes rendent hommage, l'inégalité dans l'assiette de l'impôt entre les populations du Nord et celles du Midi. Le cultivateur qui récolte des betteraves, ne peut les distiller sans être assujetti aux droits et à l'exercice, tandis que le bouilleur de cru des pays vignobles jouit du droit de distiller en toute liberté et franchise. Pourquoi cette différence, pourquoi cette inégalité dans une société où le principe d'égalité, de droit commun, est la base des institutions ? Cette protestation si légitime, que M. des Rotours a eu le premier l'honneur de porter à la tribune, a reçu l'année dernière l'adhésion de plus de 70,000 cultivateurs du Nord de la France, dans une Adresse présentée à l'Empereur ; et personne, au jour du succès, n'oubliera qui a pris l'initiative et encouragé le mouvement.

Dans la séance du 26 juin 1866, M. des Rotours défend chaleureusement la cause des planteurs de tabacs, et réclame contre l'insuffisance des prix qui leur sont alloués. Ces plaintes si justes finiront aussi par obtenir satisfaction, nous en avons la confiance.

On se rappelle l'effroi que jetait en 1866, dans nos campagnes, le typhus contagieux, qui venait d'enlever en Angleterre, en Hollande et en Belgique, 160,000 bestiaux. Devant l'implacable nécessité de l'abattage, qui seul pouvait couper court au mal, le cultivateur faisait cette réflexion douloureuse que la législation agricole, toujours trop négligée, en était encore, sur cette matière, aux ordonnances de 1774 et 1775 qui n'accordent qu'une indemnité de 1/3 pour la valeur des bestiaux sains abattus par mesure de précaution. En demandant et en obtenant enfin une loi, — dont il fut le rapporteur, — qui élève cette indemnité aux 3/4 de la valeur des animaux considérés comme sains, l'honorable représentant du Nord n'a pas seulement servi les intérêts des cultivateurs dont les bestiaux avaient été abattus, et auxquels, par un effet de bienfaisante rétractivité, la loi, réalisant ses vœux, a accordé l'indemnité des 3/4 ; il a rendu service à l'agriculture tout entière, il a fixé la sérieuse attention de la Chambre sur la question agricole et préparé les voies à l'Enquête depuis si longtemps désirée. Nous faut-il encore rappeler la part qu'il prit à la discussion du projet de loi sur les chemins de fer d'intérêt local, pour conclure que l'agriculture avait en lui un défenseur infatigable et intelligent de tous ses intérêts, de tous ses besoins, de tous ses droits ? Au Conseil général, comme au Corps Législatif, il n'a cessé de réclamer le rachat des canaux concédés, la suppression complète des péages, l'interdiction aux chemins de fer des tarifs exceptionnels ; en un mot, toutes les mesures nécessaires pour assurer le maintien de la concurrence.

Dans la séance du 18 juillet 1867, il signale les défectuosités des traités douaniers, notamment en ce qui concerne les sucres, et obtient du Commissaire du Gouvernement la promesse que l'on fera de sérieux efforts pour établir une véritable réciprocité, une complète égalité dans les transactions entre la France et la Belgique. L'année précédente, dans la discussion de la loi sur la marine marchande, il avait vigoureusement combattu et fait rejeter un amendement demandant l'abolition immédiate de la surtaxe de pavillon pour les sucres des colonies, mesure fort préjudiciable à la sucrerie indigène, déjà si éprouvée. En 1864, il s'était fait aussi, avec succès, l'écho des plaintes des raffineurs de Lille, Nantes et le Hâvre, et avait reçu du ministre l'assurance formelle que les tarifs seraient modifiés dans le prochain remaniement des drawbacks.

L'industrie n'a pas oublié la vive sollicitude qu'il lui portait. Partisan convaincu du système protecteur, il fut nommé, à plusieurs reprises, membre des Commissions de douane. L'année dernière encore, exprimant à la tribune les vœux de la Chambre de commerce de Lille, dans la séance du 13 mars, il réclamait la suppression du droit de 1 fr. 20 par tonne sur les charbons ; dans la même séance, il présentait et soutenait un amendement à l'effet d'obtenir que le droit de 2 fr. soit maintenu, jusqu'en 1870, sur les oxydes et les carbonates de plomb, dans l'intérêt de nos fabricants de céruse.

Au commencement de la session actuelle, son esprit pratique, son cœur généreux, sont frappés des souffrances qui pèsent sur nos populations tout entières, par suite de la cherté des blés et de toutes les denrées alimentaires. Il use du droit d'interpellation pour demander au Gouvernement de lever temporairement les droits de circulation et de transport sur le blé, comme en 1854, 55 et 61.

Vient ensuite la discussion de la loi militaire. Justement préoccupé des charges nouvelles dont elle menace les familles, il étudie, avec une activité dévorante, tous les moyens d'atténuer ce que la loi projetée a d'onéreux, et de faire disparaître, en même temps, les inégalités de l'ancienne législation. Il multiplie les recherches ; il recueille de véritables volumes de notes sur tous les articles.....

Le 30 décembre, ressentant déjà les premières atteintes du mal il devait succomber, il se rend à la séance, malgré la défense du médecin. Il prend la parole. Il demande si, en présence de 184,000 étrangers établis dans le seul département du Nord, le service militaire doit peser uniquement sur les populations qui accueillent et nourrissent ces étrangers. Il présente et développe un amendement ainsi conçu :

« Les individus nés en France de parents étrangers, et y ayant leur résidence, seront soumis à la loi du recrutement dans l'année qui suivra leur majorité.

» Ceux d'entre eux qui voudront conserver leur qualité d'étrangers, en feront la déclaration et seront admis dans la légion étrangère. »

C'était son dernier amendement....

Nous nous trompons.... Le jour même de ses funé-railles, le 9 janvier, le Corps Législatif était appelé à discuter un amendement déposé par lui, le 26 décembre, pour résoudre une question importante, jusque-là controversée, et qu'il s'agit enfin de résoudre d'une manière claire et définitive.

Il pose en principe que, si sur deux frères l'un est sous les drapeaux et que l'autre est exempté de droit, il faut que ce droit se répète sans conteste dans la famille autant de fois que la situation se présentera, c'est-à-dire autant de fois qu'il y aura deux frères dans cette même situation.

Rappelons ici les paroles prononcées par M. Lambrecht :

Messieurs, en montant à la tribune, je ne puis oublier que cet amendement devait être développé devant vous par mon pauvre ami M. des Rotours !

Il l'aurait fait avec le zèle et le talent dont il vous donnait des preuves, il y a à peine quelques jours; car à des qualités charmantes il unissait un dévouement ardent à ses devoirs. (C'est vrai ! c'est vrai ! — Mouvement général de sympathique émotion.)

C'est ce dévouement qui l'a conduit au tombeau. Je crois que nous ne saurions trop lui en faire honneur. (Très-bien !)

Je suis certain que la Chambre m'excusera d'avoir commencé ces observations par un dernier hommage rendu à la mémoire d'un collègue que nous aimions tous. (Très-bien ! très-bien !)

Malgré l'opposition du rapporteur de la loi et du Ministre de la guerre, l'amendement fut pris en considération, accepté le lendemain par le Conseil d'Etat, et voté le surlendemain par la Chambre, touchant hommage rendu à la justice de la cause et au dévouement de son défenseur...

Voilà sommairement les états de services du digne représentant que les électeurs avaient choisi en 1863. Tous ceux qui le connaissaient, savaient bien que ce n'étaient pas de vaines promesses qu'il inscrivait en tête de sa profession de foi quand il se plaçait « en dehors des partis, uniquement dévoué aux intérêts du pays. » Ceux qui ne le connaissaient pas encore, l'ont vu à l'œuvre. Ils ont suivi ses travaux, ils ont apprécié sa noble attitude. Entre son premier vote — contre la guerre du Mexique, — et son dernier — contre l'article 9, base de la loi militaire, qui porte à neuf ans la durée du service, — ils l'ont vu toujours consciencieux, toujours indépendant, toujours honoré de l'estime de ses adversaires, toujours digne de ses mandataires et de lui-même.

II.

CORPS LÉGISLATIF
Extrait du compte-rendu de la séance du 6 janvier 1868.
(Présidence de M. SCHNEIDER.)

M. le Président SCHNEIDER. — J'ai la douleur d'annoncer au Corps législatif la mort de notre honorable collègue M. des Rotours, qui, dans une des dernières séances, prenait encore une part active à nos débats, bien qu'il ressentît déjà les atteintes de la maladie qui vient de l'enlever.

Nous perdons en lui un collaborateur des plus éclairés et des plus estimés. (Mouvement général d'approbation.) Sa perte sera vivement ressentie, et je suis certainement l'interprète de la Chambre tout entière en lui rendant ici le juste tribut de nos regrets les plus sympathiques. (Oui! oui! — Très-bien! très-bien!)

Je vais tirer au sort la députation de douze membres qui devra assister aux obsèques. La cérémonie aura lieu après-demain, 8 janvier, à dix heures, à l'église Sainte-Clotilde.

La députation sera ainsi composée : MM. le comte de Las-Cases, Lefébure, le comte J.-P. de Champigny, Belmontet, Noualhier, Stiévenart-Béthune, Jules Simon, Magnin, Bouchetal-Laroche, le baron de Benoist, le comte de la Poëze et Emile Olivier.

—

La presse parisienne a été unanime pour exprimer les mêmes sentiments de sympathies. Il nous suffit pour en donner une idée de citer le *Siècle* :

On a annoncé hier au Corps législatif la mort regrettable de M. des Rotours, député du Nord. C'était un homme très-loyal et très-consciencieux, qui avait les sympathies de toute la Chambre. Il y a deux jours à peine, quoique déjà souffrant, il était venu défendre son amendement sur la loi militaire.

—

Les extraits suivants des journaux de Lille reproduisent fidèlement la douloureuse impression que cette mort prématurée a produite autour de nous :

La mort de M. des Rotours, dont on lisait encore le dernier discours, hélas ! prononcé le 30 décembre à la tribune du Corps législatif, n'a pas seulement causé la plus vive affliction parmi ses amis ; on peut dire aussi que les sentiments de regrets de la population du Nord sont unanimes, et que le 6 janvier a été pour tous un jour de deuil.

Le département perd un digne représentant, la France un de ses meilleurs citoyens.

Quelle vie fut plus noble, plus honorable que la sienne ?

Jeune homme, il se prépare à l'état militaire dans les écoles spéciales ; il fait inscrire son nom sur la table de marbre des lauréats : officier de cavalerie, il gagne glorieusement la croix de la Légion-d'honneur. Le repos de l'âge mûr, il le sacrifie à l'industrie pratique, à la défense des intérêts agricoles. Les électeurs le nomment au conseil d'arrondissement ; il en devient le président. Partout le suit une considération justement acquise : à la chambre d'agriculture, dont il est vice-président, au comice ; dans la vie privée comme dans la vie publique, on l'aime et on l'honore pour les services qu'il ne cesse de rendre, pour son zèle, son ardeur à remplir ses nombreuses fonctions avec le plus complet désintéressement.

Il se distinguait entre tous, naturellement, sans y prétendre, par son extrême urbanité, par une bienveillance et un dévouement infatigables, par toutes les qualités de l'esprit et du cœur, par son affabilité, son humanité, sa générosité.

Caractère à la fois ferme et conciliant, son patriotisme éclairé lui donnait au Corps législatif, où le suffrage des électeurs de la 3e circonscription du Nord l'avait envoyé, l'éloquence du bon sens et l'indépendance du bon citoyen ; il fut jusqu'au dernier moment digne de son mandat , et l'on peut presque dire qu'il mourut sur la brèche , comme un vaillant fils de preux qu'il était.

Là encore , et même parmi nos illustrations de la tribune, le nom de DES ROTOURS, inscrit au musée de Versailles parmi ceux des héros des croisades, a été noblement porté ; il devient, hélas ! une fois encore en 1868 , le précieux héritage d'une famille qui pleure aujourd'hui sur la tombe d'un père et d'un époux, sur la tombe du meilleur des hommes.

A lui les regrets sincères du pays et de nos populations dont je voudrais pouvoir mieux interpréter ici les sentiments de reconnaissance.

Habitants du Nord , la mémoire de DES ROTOURS restera chère, j'en suis certain, à vos pieux souvenirs.

Vous, pauvres, qu'il n'oubliait jamais, vous prierez pour un bienfaiteur; vous, ses amis, vous cacherez vos larmes pour consoler une famille dont le deuil est aujourd'hui un deuil général.

Et nous, enfants du peuple lillois, en suivant le cortége funèbre , nous remplirons un dernier devoir envers celui qui a rempli le sien jusqu'au dernier jour , qui est mort après avoir consacré les efforts de sa vie entière au service du pays et à la défense des intérêts populaires. — ULRICK. (*Courrier populaire* du 8 janvier).

Si nous avons combattu M. des Rotours comme homme politique, nous n'avons jamais cessé d'estimer l'homme privé dont l'honorabilité était au dessus de tout éloge. — DUPONT (*Écho du Nord*, 7 janvier).

Nous avons une bien douloureuse nouvelle à annoncer à nos lecteurs. L'honorable M. des Rotours vient de succomber à Paris, aux atteintes d'une fluxion de poitrine.

Cette mort, tout à fait prématurée, sera un deuil véritable, non seulement pour les amis personnels de M. des Rotours, mais aussi pour notre département tout entier. M. des Rotours a été constamment dévoué à l'Empire dans lequel il trouvait, pour son pays, les conditions politiques fermes et libérales dont était éprise son âme patriotique. L'honorable député du Nord, si estimé pour son caractère élevé, pour son esprit pratique et intelligent, sera regretté par nous tous comme un véritable homme de bien. — A. ESPARBIÉ (*Mémorial de Lille*, 7 janvier).

Sous l'impression d'une profonde douleur que tous nos

lecteurs partageront, nous remplissons le triste devoir de leur annoncer la mort de M. des Rotours, membre du Corps législatif, décédé à Paris, hier 6 janvier, à l'âge de 62 ans.

Déjà atteint depuis quelques jours du mal auquel il était à la veille de succomber, notre honorable représentant avait voulu, malgré les observations de son médecin, se rendre, le lundi 30 Décembre, à la séance où devait être discuté son amendement sur les devoirs militaires des étrangers nés en France.

On a vu avec quelle ardeur il a développé cette thèse qui allait si bien à son caractère loyal et généreux : l'égalité devant le recrutement. On a vu aussi avec quel redoublement d'énergie, après la réplique du maréchal Niel et du général Allard, il était revenu à la charge, et avait obtenu enfin du ministre de la justice la promesse d'un examen sérieux de sa proposition.

Le lendemain, une pleurésie se déclarait, et sa robuste constitution ne le réservait pas d'une fin prématurée, qui plonge dans la plus cruelle douleur une épouse, un fils bien aimés, les nombreux amis que lui avaient gagnés dans tous les rangs de la société, sans distinction de parti, son infatigable dévouement aux intérêts généraux du pays et son inépuisable bienveillance envers tous ceux qui s'adressaient à lui.

Pour le citoyen comme pour le chrétien, la conscience du devoir accompli fait la force non-seulement de la vie mais aussi et surtout de la dernière heure. Cette force d'âme, qui est la vraie grandeur de l'homme, n'a pas quitté un seul instant M. des Rotours, et sa fin a été le digne couronnement de sa carrière : ancien soldat, il a pu se dire avec une légitime fierté qu'il mourait à son poste.

Nous ne rappellerons pas les preuves nombreuses du sentiment élevé avec lequel il avait accepté et soutenu la tâche difficile de représenter au Corps législatif la troisième circonscription électorale du Nord. Les électeurs ont suivi ses travaux comme membre des diverses Commissions dont il était constamment appelé à faire partie ; ils ont vu la part si large qu'il prenait aux discussions publiques ; ils diront avec nous que leur confiance était bien placée dans l'homme qui leur adressait en 1863 ces nobles et franches paroles :

« En dehors des partis, uniquement dévoué aux intérêts de mon pays, je suis de ceux qui veulent :

» Toujours améliorer, jamais détruire ;

» Aider au développement pacifique des réformes contenues en germe dans les principes de 89 ;

» Enfin, faire marcher de front le progrès dans l'ordre moral et religieux, matériel et politique, tout en réclamant dans l'emploi des finances une économie bien entendue.

» Ai-je besoin d'ajouter que je donnerais un concours à la fois indépendant et loyal au gouvernement de l'Empereur, qui a rendu le calme à la France et qui a porté si haut le gloire de nos armes ?

» En comprenant ainsi mes devoirs de citoyen, en me tenant aussi éloigné d'une approbation absolue que d'une opposition systématique, je suis assuré d'être le fidèle interprète d'un pays qui sut toujours unir le plus noble patriotisme au soin jaloux de nos libertés, et je serais fier d'être appelé par leurs suffrages à l'honneur de les représenter. »

A notre tour, nous sommes certain d'être le fidèle interprète des électeurs en déclarant ici qu'ils ont été honorés par leur représentant, que sa mémoire leur restera chère, que la douleur de sa famille trouve de l'écho dans tous les cœurs, et que sa mort prématurée est un deuil public. — H. Lefebvre (*Propagateur* du 7 janvier 1868.)

Nous revenons, le cœur plein de douleur et de consolation à la fois, des funérailles de M. des Rotours, l'homme excellent que nous aimions comme l'aimaient tous ceux — et le nombre est grand — qui l'ont connu.

En arrivant, à onze heures, dans le village d'Avelin, nous avons trouvé, rassemblée en silence devant l'église, sur la place, le long des rues, dans le château, une foule immense venue, malgré la rigueur du froid, de tous les points de l'arrondissement, pour unir les témoignages de sa douleur à ceux de la population entière.

Nous en appelons à tous ceux qui ont vu, comme nous, cette vraie et universelle douleur : il faut avoir semé beaucoup de bienfaits ; il faut, durant le cours d'une longue carrière publique, avoir donné plus que son temps et ses largesses ; il faut avoir donné son cœur, avoir été bon dans l'acception la plus large et la plus élevée de ce mot divin, pour emporter de pareils regrets.

Sur la tombe, M. Louis Heddebault, président du Comice agricole de Lille, s'est fait l'interprète fidèle de la reconnaissance de l'agriculture, à laquelle M. des Rotours a rendu tant de services.

Inspirées par un sentiment plus général encore, les paroles de M. le préfet, interrompues à plusieurs reprises par une vive émotion, ont été l'éloquente expression des souvenirs, des regrets, de la douleur, des sympathies, des espérances de tous les assistants.

A l'église, avant l'absoute, au nom de la paroisse en deuil, un prêtre, enfant de cette même paroisse, M. l'abbé Deroubaix, avait consacré dans un noble et touchant langage la mémoire du défunt.

Au nombre des Sociétés et des députations qui faisaient la haie sur tout le parcours du cortége, nous avons remarqué celle des anciens soldats décorés de la médaille militaire. Au-dessus de la tombe de l'ancien soldat, s'élevait, à côté de la croix, la glorieuse bannière où le crêpe de deuil laissait entrevoir la couronne d'immortelles et la noble devise : *Valeur et discipline.*

Il est des jours où l'on sent que l'âme du pays, en dépit des sophistes, est toujours forte et croyante. Ce jour a été pour nous un de ceux-là. C'est sur une tombe que le fond des cœurs se manifeste avec le plus d'évidence : ce fond des cœurs, il est toujours tout entier aux deux sentiments qui font la vie des peuples : foi et patriotisme. C'est parce que ces deux sentiments résumaient toute la vie du bien-aimé défunt, que sa perte a si vivement frappé au cœur nos populations tout entières. En lui elles ont honoré à la fois les plus nobles principes et le dévouement avec lequel il les a servis. — H. LEFEBVRE. (*Propagateur* du 10 janvier 1868).

———

Voici le texte de l'oraison funèbre prononcée par M. l'abbé Deroubaix :

C'est le cœur plein de tristesse et les yeux mouillés de larmes, que je monte dans cette chaire. Ne m'accusez pas de témérité, si j'essaie de contenir mon émotion et de dominer vos sanglots et vos pleurs.

Enfant de cette paroisse, je ressens votre douleur, je partage le deuil de la noble famille avec laquelle vous pleurez un bienfaiteur , un ami , un père , et je viens en votre nom payer en peu de mots une dette sacrée , la dette de la reconnaissance.

Prêtre de Jésus-Christ , ministre de la sainte Église, je ne puis garder le silence devant une tombe si prématurément ouverte à un chrétien fidèle et courageux dans la vie privée et dans la vie publique. La religion n'est pas ingrate envers ceux qui l'aiment comme une mère, et qui l'honorent par leurs exemples, par leur parole et leur influence. Elle n'a pas seulement à verser des prières avec des larmes autour d'un cercueil ; elle a une parole pour louer dans l'assemblée des saints ceux qui ont gardé l'honneur chrétien au milieu des dangers et des luttes de la vie présente.

Si cette chaire restait muette, les pierres de ce temple parleraient ; la voix de la cloche aujourd'hui gémissante et plain-

tive comme vos âmes vous rappellerait la munificence
pieuse de celui qui n'est plus ; les pauvres, les malheureux,
tous ceux qu'il a assistés, protégés, consolés, proclameraient
sa bonté, sa générosité; et, à côté de tant d'hommes éminents
de la haute administration, de l'armée, de la magistrature, des
assemblées électives, qui sont là pour honorer son patriotisme
et son grand cœur, ce concours nombreux de prêtres et de
dignitaires ecclésiastiques dirait aussi que l'Église veut rendre
hommage à la foi et au courage chrétien de M. Alexan-
dre-Antonin des Rotours, chevalier de la Légion d'honneur, député du Nord, conseiller général, maire d'Avelin,
enlevé par une courte et violente maladie à l'affection de sa
famille éplorée, à notre affection à tous.

Messieurs, qu'est-ce que la vie ? pourrions-nous nous écrier
en présence de ces restes inanimés. Qu'est-ce que la vie,
disons-nous, quand nous la voyons brisée par un coup si inat-
tendu ? Si fugitive, si fragile qu'elle soit, dans le palais doré
ou dans la chaumière, la vie est un mouvement vers un but,
une action libre qui tend vers la perfection et la félicité
de notre être par l'accomplissement du devoir.

Lorsque, malgré les défaillances de la nature humaine, la
vie demeure ou revient dans la voie droite que montre la
conscience et que l'Évangile éclaire de ses vives lumières,
elle est la préparation de l'éternité bienheureuse. La mort
n'est pas la destruction du bien accompli, elle en est la con-
sécration. Elle fait taire l'envie qui attaque trop souvent la
vertu et le mérite. Les imperfections, les faiblesses inhérentes
à notre condition terrestre semblent s'évanouir avec le corps
qui les rendait sensibles : l'âme apparaît avec ses nobles pen-
sées, avec ses aspirations généreuses, avec sa bonté surtout ;
le devoir accompli dans le cours d'une longue existence
demeure comme un enseignement aux amis du défunt, comme
une consolation à sa famille, et la meilleure espérance
de celui qui a quitté cette vallée de larmes !

La bonté, messieurs, n'est-ce pas l'éloge que vous faites
tous de celui pour lequel nous venons d'invoquer le Dieu
bon et miséricordieux ? Et ce n'est point sur vos lèvres une
louange banale. Bossuet l'admirait dans le cœur d'un
héros, dans l'âme du grand Condé, et il ajoutait : « Lorsque Dieu forma le cœur et les entrailles de l'homme, il y
mit premièrement la bonté comme le propre caractère de la
nature divine, et pour être comme la marque de cette
main bienfaisante dont nous sortons tous... »

La bonté! c'est le signe distinctif de cette physionomie de
gentilhomme chrétien qui vivra longtemps dans vos souve-

nirs. Que d'autres louent dans le jeune officier, dans l'homme public, dans l'administrateur, la loyauté, la droiture, la sagacité, l'entente des affaires, l'expérience, le travail consciencieux, le courage qui ne recule ni sur le champ de bataille, ni dans la lutte parlementaire; pour moi, je ne veux que vous rappeler en peu de mots sa bonté.

Dieu, sans doute, avait prédisposé le cœur de M. des Rotours à ce genre de supériorité. Ce fils de la Normandie que la Providence nous réservait, après avoir reçu la bonté avec le sang et la force de ses ancêtres, la trouva dans les traditions de sa race. Selon l'ordre de la Providence, elle s'épanouit en lui d'abord sous la forme de la piété filiale et de l'amour fraternel. Que n'ai-je le temps de vous montrer le fils plein de tendresse et le frère au cœur affectueux !

L'amitié naît facilement dans l'âme d'un bon fils. Ses compagnons d'enfance et de jeunesse, après quarante ans, n'ont pas perdu le souvenir des relations sur lesquelles le jeune écolier répandait le charme de sa nature sympathique, et ses nombreux amis de l'âge mûr, aussi bien que ses compagnons d'armes, pourraient dire que, dans ses dernières années, son cœur gardait encore à l'amitié les ardeurs de la jeunesse.

Ceux qui l'ont connu de près, (le nombre en est grand, sa bonté le rendait si accessible!) ceux qui l'ont connu me permettront de lui appliquer les paroles de Bossuet: « Je l'ai vu vivement ému des périls de ses amis : je l'ai vu, simple et naturel, changer de visage au récit de leurs infortunes. »

Ce cœur qui s'épanchait si bien dans le commerce de l'amitié, qui s'inclinait facilement vers les petits et les inférieurs, « parce qu'il ne craignait pas que la familiarité blessât le respect, » qu'il était affectueux et tendre au foyer domestique! Nous sera-t-il permis de nous asseoir un moment à ce foyer entouré d'honneur? Là, l'autorité sacrée de l'époux et du père était toujours tempérée par la douceur. Il faudrait vous parler de cette vie de famille dans laquelle l'affection vive et profonde de l'époux et du père répandait plus de délices que ne peuvent en donner toutes les fêtes du monde. Il faudrait vous dire les sollicitudes, les joies, les émotions, les inquiétudes, et parfois les alarmes d'un père. Quelle tendresse pour un fils unique, déjà si digne d'un tel père! Quel soin pour former et conserver, dans l'héritier d'un beau nom, « la bonté qui a les cœurs » comme parle Bossuet, et qui fait la véritable noblesse !

Ah! messieurs, mes compatriotes, je ne vous dirai pas : séchez vos larmes,—mais ne désespérez pas de l'avenir, cette bonté revivra, elle revit parmi vous, vous la retrouverez toujours dans la veuve désolée, depuis longtemps la mère des pauvres, et dans l'héritier de son nom et de sa bienfaisante influence !

La vie de famille avec ses graves devoirs et ses saintes affections est le point d'appui de la vie publique. La bonté assise au foyer domestique rayonne au dehors. A côté de la famille naturelle, nous avons tous une grande famille qu'on appelle la patrie, et une autre famille plus étendue qu'on nomme l'Église catholique. Il serait trcp long de vous rappeler en détail comment M. des Rotours savait aimer la France et l'Eglise !

C'est aimer son pays et son Dieu que de soulager les malheureux, soit en leur procurant du travail, soit en pratiquant le précepte de l'aumône, et vous savez, Messieurs, s'il comprenait cette douce mission de la richesse ! C'est servir son pays que de favoriser, par ses libéralités, par son influence, par les exemples d'une vie chrétienne, l'action bienfaisante de la religion, et vous savez, Messieurs, la part qu'il a prise à l'érection de cette église, à la construction d'une école de filles, à toutes les bonnes œuvres pour lesquelles on ne réclamait jamais en vain son concours; et je n'ai pas besoin de vous rappeler avec quelle simplicité, quelle dignité, il remplissait les devoirs publics de la vie chrétienne.

N'avait-il pas senti de bonne heure l'amour de la patrie, alors que dans l'ardeur de sa jeunesse il prenait l'épée de ses ancêtres, prêt à sacrifier sa vie à la France? Et, lorsque laissant le noble métier des armes il donnait à son existence une direction nouvelle, il travaillait encore pour son pays, en appliquant sa belle intelligence à l'industrie et à l'agriculture qui sont les armes de la paix. Les bienfaits qu'il avait répandus provoquaient la reconnaissance des populations, et le désignaient à leur choix pour les fonctions publiques. La bonté de son cœur avait besoin de s'étendre au-delà des limites d'un village ou d'un canton.

Son bonheur n'était-il pas d'obliger ceux qui l'avaient honoré de leurs suffrages, et n'avait-il pas le cœur assez grand pour tendre la main à ses adversaires? Qui racontera les démarches, les ennuis, que lui faisait accepter le désir d'être utile à ses semblables? Que de services innombrables rendus à des particuliers, à des inconnus, à des familles, à des communes entières! Quel zèle pour le bien-être et la moralisation du peuple! Je ne parle pas de l'homme politique qui voulait la grandeur et la prospérité de la France, mais de ce sincère ami du peuple, toujours préoccupé des moyens propres à diminuer les privations et les charges des classes souffrantes.

N'est-ce pas ce zèle qui a aggravé sa dernière maladie et qui l'a fait tomber, comme le soldat sur la brèche, en plaidant la cause du peuple? mais il eut le temps de recevoir les sacrements avec une piété remarquable.

O Dieu! père des pauvres, vous ne laisserez pas sans récompense tant de bonnes actions! Vous ne laisserez pas sans récompense celui qui a aimé en sa patrie la fille aînée de l'Eglise, celui qui a aimé et défendu l'immortel Pie IX, le chef de cette Eglise catholique, famille et patrie de tous les peuples!

Recueillons-nous, Messieurs, ne fermons pas nos âmes à de si belles leçons! Apprenons ici à aimer de plus en plus notre famille et les malheureux, la France et l'Eglise notre Mère; apprenons que tout passe ici bas, excepté le bien accompli, et qu'il faut vivre en chrétien pour mourir en prédestiné.

Et nous tous, Messieurs, mes compatriotes, souvenons-nous longtemps de celui qui nous a laissé de si beaux exemples avec les preuves de sa bonté. La reconnaissance honore une population. Ce sentiment, vous le transmettrez à vos enfants; il sera le lien du passé et de l'avenir, et vous continuerez à prier pour celui qui vous a aimés, afin que le Dieu de toute bonté lui accorde dans le ciel la récompense éternelle du bien qu'il a fait sur la terre — à vous, à la France et à l'Eglise!

DISCOURS DE M. LE PRÉFET.

Messieurs,

Il y a peu de jours, M. des Rotours montait à la tribune du Corps législatif pour y défendre les intérêts des populations dont il était le mandataire. Avec l'autorité qu'une étude intelligente et consciencieuse peut seule donner, il exposait la situation exceptionnelle que fait à nos contrées l'exonération du service militaire accordée à certains étrangers qui, résidant en France sans esprit de retour dans leurs foyers primitifs, jouissent de tous les bénéfices des lois françaises et n'en supportent pas toutes les charges. Jamais M. des Rotours n'avait été plus lucide et plus convaincu, jamais il ne s'était plus loyalement et plus habilement montré le chaleureux défenseur de cette vaste province. Aussi le succès fut-il grand. Grâce à son initiative, la question va être très-sérieusement examinée, et, si nos légitimes désirs peuvent être accueillis, c'est à lui que nous le devrons.

C'était, hélas ! le dernier acte de dévouement accompli par M. des Rotours. Arrivé malade au Corps législatif où il s'était fait transporter pour y remplir son devoir de citoyen et de député, il en est sorti mortellement atteint !

Notre ami est donc tombé sur la brèche, et une si noble mort est digne de sa vie tout entière.

Cette vie, messieurs, vous la connaissez : officier de cavalerie, maire d'Avelin, conseiller d'arrondissement, vice-président de la chambre consultative d'agriculture de Lille, président du Comice agricole de Lille, membre du Conseil général, agriculteur, député, M. des Rotours a, dans toutes les positions, déployé cette pure loyauté qui commande le respect, cette exquise bienveillance qui attire les cœurs et désarme les hostilités, cet esprit de sage indépendance qui veut éclairer le pouvoir et non l'affaiblir pour mieux le combattre.

On peut dire de lui qu'il fut un homme d'intelligence et de cœur, un honnête homme dans la sainte acception de ce mot, et qu'il est un de ces élus qui se présentent sans peur et sans reproche devant Dieu tout puissant.

De tels exemples ne seront pas perdus, Messieurs. M. des Rotours laisse un fils qui est tout à la fois mon collaborateur et mon ami, pour lequel vous avez vous-même une vive affection, et dont nous ne pouvons en ce moment voir la poignante et immense douleur sans avoir le cœur navré. Ce fils suivra les nobles traditions de son vénéré père. Comme lui il aimera, il servira la France et l'Empereur : comme lui il n'hésitera pas à leur tout sacrifier.

DISCOURS DE M. L. HEDDEBAULT.

Messieurs,

En face de cette fosse béante, où déjà sont descendus les restes d'un ami, je voudrais me taire et pleurer.

Il me faut parler ; mon sentiment me domine vis-à-vis de cette dépouille mortelle, et je me souviens des marques de l'affection la plus pure qui m'ont été prodiguées par cet homme vénéré.

Je voudrais vous dire que, depuis plus de trente années, il m'honorait de ses conseils, d'une sollicitude et d'une bienveillance toutes paternelles.

Mais j'ai d'autres devoirs à remplir, Messieurs, que de vous

confier ma douleur. Mandataire de l'agriculture, j'ai à vous
retracer les services rendus par M. des Rotours à notre cause.
Il avait été élevé au milieu des vertes prairies de la Normandie,
au centre d'une contrée adonnée à d'autres pratiques agricoles ; il vint dans le Nord ; il voulut exercer notre profession
pour la connaître ; il se livra à la culture de la betterave et à la
fabrication du sucre.

Plus tard, il vint ici, et c'est au Comice agricole de Lille
que nous le retrouvons parmi les travailleurs les plus assidus
et les plus dévoués.

Bientôt le savoir acquis par le travail intellectuel et la
pratique, l'expérience, une aménité de caractère des plus
rares, cette fermeté unie à une loyauté qui inspire la confiance,
le désignèrent à ses collègues ; il devint président de la
Société.

Je pourrais vous faire l'éloge du président bien-aimé qui a
largement contribué à l'organisation et au développement de
notre association ; j'aime mieux vous exprimer l'espoir que
nous avions fondé en lui comme notre défenseur à Paris.

M. des Rotours comprenait nos aspirations ; il connaissait
nos besoins ; il avait étudié et reconnu les principes du progrès
de l'agriculture ; il travaillait, en suivant un guide sûr et in-
faillible, à la prospérité du pays.

Doué de toutes les qualités et surtout de ce tact qui attire
d'une manière irrésistible, il avait battu en brèche beaucoup
de préjugés ; il avait vaincu de nombreuses erreurs.

Nous avions foi en lui !

Et de cet homme supérieur et si distingué que la mort
enlève à notre amour, que nous reste-t-il ?

Rien d'humain ni de terrestre ; mais nous conservons de
des Rotours un souvenir inaltérable... et si de là-haut il con-
temple, il observe et encourage nos efforts, il nous verra toujours nous inspirant de ses vertus.

Des Rotours... Adieu !

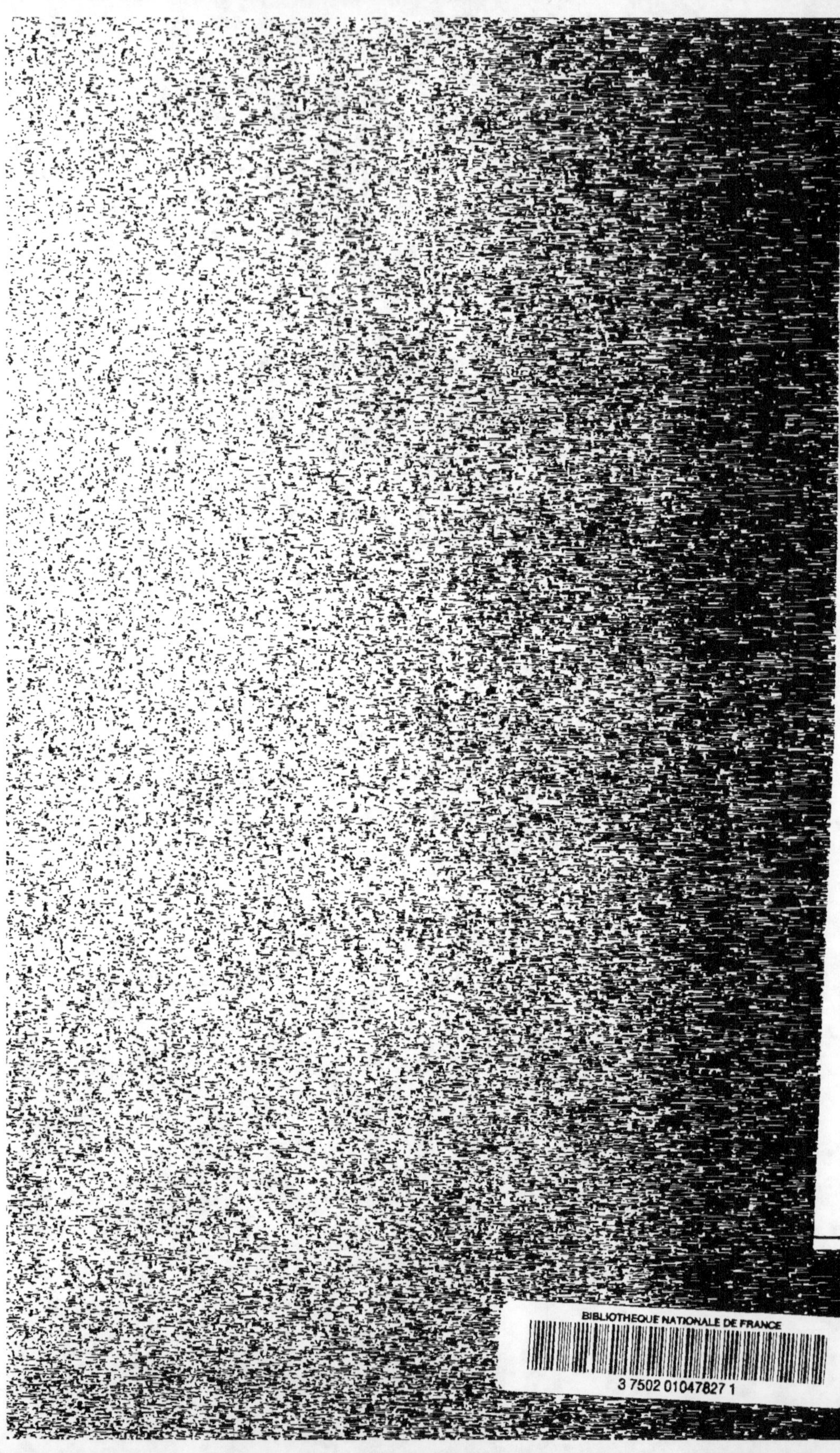